AF509602

DUEL DE SORCIÈRES

COMÉDIE EN DEUX PETITS ACTES

JEAN DE LOUSSOT

DUEL DE SORCIÈRES

COMÉDIE EN DEUX PETITS ACTES

Pour jeunes filles

PARIS

LIBRAIRIE THÉATRALE

30, RUE DE GRAMMONT, 30

1901

PERSONNAGES

MADAME LANGOISSEY.
ÉLISE, sa bonne.
MADAME LÉONA, chiromancienne, tireuse de cartes.
INÈS, protégée de madame Léona.

DUEL DE SORCIÈRES

ACTE PREMIER

Un salon servant de salle à manger. Table au milieu ; fauteuil à droite, entre la table et un chiffonnier ; plusieurs chaises, un buffet, une console. Porte au fond et à gauche ; paravent dissimulant la porte de gauche.

SCÈNE PREMIÈRE

MADAME LANGOISSEY, seule.

Au lever du rideau, madame Langoissey est installée dans le fauteuil ; elle brode.

MADAME LANGOISSEY, soupirant et laissant tomber sur ses genoux l'ouvrage qu'elle tenait.

Que la vie est donc triste, amère, effrayante... Point pour tous, sans doute ; mais, hélas ! pour moi !.. (Elle passe avec mélancolie une main sur son front.) Depuis que je suis au monde, je n'ai jamais vu le malheur en face ;... même, je n'ai pas eu le plus petit chagrin : c'est cela qui me tue !.. Je passe mes jours, mes nuits à me demander : « N'est-ce pas demain que je vais apprendre à pleurer, à souffrir?.. » Demain,... demain !.. mot plein d'angoisse, d'incertitude et de mystère !.. (Après une pause, elle se lève ; et, se frottant les mains d'un air satisfait.) Jusqu'à présent, je jouis d'une excellente santé,... j'ai des jarrets d'acier, un estomac d'autruche, des yeux de lynx.. (Devenant subitement sombre.) Mais demain, ce soir même, je puis être atteinte d'une de ces maladies qui ne pardonnent pas !.. (Elle se promène en long et en large, en proie à une agitation fébrile.) Je puis devenir asthmatique, (sa respiration se fait haletante.).. rhumatisante, (Elle se traîne péniblement.), . phtisique, (Elle tousse.).. anémique,... tomber en langueur... (Elle s'assied languissamment dans le fauteuil qu'elle occupait au début, et reste un instant absorbée ; puis, se redressant et passant la main sur ses yeux.) Qui me garantit que, demain, je ne serai point, à mon réveil, frappée de cécité?.. Aveugle !.. Comprenez-vous ce qu'une telle infirmité implique de souffrances horribles !.. (Hochant la tête, avec tristesse.) Pour comble de malheur, si je perdais mes capitaux, dans un krach financier !.. (D'une voix sourde, émotionnée.) Me voyez-vous, aveugle, paralysée, ruinée, et me traînant, de porte en porte, pour implorer la charité... Ah !.. c'est atroce à penser !..

Elle laisse tomber sa tête entre ses mains.

SCÈNE II

MADAME LANGOISSEY, ÉLISE.

ÉLISE, entrant, un plateau à la main.

Voici le courrier de madame.
Elle présente le plateau à sa maîtresse.

MADAME LANGOISSEY, *tressaillant et relevant la tête.*

Ah! le courrier... (Avec émoi.) Quelles nouvelles va-t-il m'apporter?.. Je tremble toujours en l'apercevant... Le courrier : il n'y a rien de si brutal!... En quelques lignes froides, il vous apprend, cyniquement, des choses bouleversantes...

ÉLISE, *avec douceur et bienveillance.*

Que madame ne s'inquiète pas... Aujourd'hui, il n'y a point de lettres : rien que des journaux.

MADAME LANGOISSEY, *étendant la main, et prenant le courrier.*

Des journaux ; mais c'est tout ce qu'il y a de plus effrayant, au contraire !.. Le journal est, à mon avis, l'invention la plus nuisible à la quiétude des humains... (Déchirant les bandes de plusieurs publications, et les regardant.) On lit là-dedans des récits terrifiants, des histoires qui font trembler, et qui donnent, la nuit, des cauchemars fous... On ne devrait jamais lire les journaux !

ÉLISE, *avec bonhomie.*

Pour ça, madame a bien raison : quand ça fait tant d'effet !

MADAME LANGOISSEY, *soupirant.*

Cependant, on est obligé de les lire tout de même, ma pauvre Élise, pour se tenir au courant des dangers qui nous menacent, et afin de parer les coups, lorsque c'est possible !

ÉLISE, *ouvrant des yeux étonnés.*

Je ne vois pas de quels dangers les journaux menacent madame ?

MADAME LANGOISSEY, *avec conviction.*

Et les guerres, les révolutions, la politique, les

cambrioleurs,.. tu oublies tout cela, ma pauvre enfant !..

ÉLISE, s'efforçant de rassurer sa maîtresse.

Oh ! madame est bien bonne de se mettre les sens à l'envers pour ces choses-là !.. Faut bien penser que, tant que le monde durera, il y aura des gens qui se chamailleront, sans qu'on puisse les en empêcher... Laissons-les donc se débrouiller, et nous, vivons tranquillement, sans nous tourmenter.

MADAME LANGOISSEY, à part.

J'admire la quiétude de cette fille des champs !.. (A sa servante, d'un ton protecteur.) Tu es heureuse de pouvoir songer ainsi, mon enfant, et mon expérience envie ta simplicité... (Avec lassitude.) Va, laisse-moi, retourne à tes fourneaux, et savoure la paix...

ÉLISE, à part, en se retirant.

Pour sûr que je suis plus heureuse, « à mes fourneaux », avec ma tranquillité, que madame dans son fauteuil, avec les chimères qui lui troublent l'esprit !

Elle sort.

SCÈNE III

MADAME LANGOISSEY, seule, parcourant des yeux un journal.

Voyons,... d'abord, la politique ? Rien de saillant !.. (Ouvrant le journal, et regardant à la seconde, puis à la troisième page.) Cherchons de suite les faits divers, les catastrophes, les accidents... (Parcourant du doigt les colonnes.) Accidents,... accidents... (s'arrêtant, désappointée.) Il n'y en a pas!.. C'est inimaginable!.. (Laissant tomber le journal sur ses genoux.) Pas d'incendies,... d'éboulements, pas d'asphyxies ni de noyades... c'est à ne point y croire! . (D'un air profond.) Cela me fait l'effet du calme solennel précurseur ordinaire d'une horrible tempête... Que va-t il arriver demain?... J'en suis, d'avance, épouvantée! (Reprenant le journal qu'elle avait laissé; faisant un effort pour se maîtriser, et, avec conviction.) Ayons, cependant, le courage d'achever cette lecture sinistre... (Elle jette les yeux sur la quatrième page, puis s'arrête, étonnée.) Oh!.. Qu'est ceci? . (Lisant.) « Aux personnes anxieuses... » (Songeant.) Moi qui suis si tourmentée! (Reprenant sa lecture.) « Aux personnes anxieuses, madame Léona, célèbre chiromancienne, offre de dévoiler l'avenir, et de démontrer le moyen infaillible d'éviter les coups de l'adversité. » (Réfléchissant.) Se peut-il?.. Ce serait un immense bienfait... (Lisant de nouveau.) « Madame Léona, — elle donne son adresse, — 28, rue de la Pie-qui-chante. » Je vais lui écrire tout de suite. (Elle agite une sonnette posée sur la table auprès d'elle.) C'est à deux pas, dans le quartier.

<h2 style="text-align:center">SCÈNE IV</h2>

MADAME LANGOISSEY, ÉLISE.

ÉLISE, entrant.

Madame a sonné?

MADAME LANGOISSEY, rangeant sa broderie.

Pour que tu me donnes mon buvard et mon encrier.

ÉLISE, posant sur la table du milieu les objets demandés,
qu'elle est allée prendre sur une console,

Voilà, madame.

Elle se dirige vers la porte du fond.

MADAME LANGOISSEY, lui faisant signe de rester.

Attends... Je n'écris qu'un mot... Tu le porteras
immédiatement à son adresse : c'est tout près.

Elle écrit.

ÉLISE, à part.

Faut croire que madame n'a point trouvé ce matin trop de nouvelles inquiétantes dans ses journaux :
elle a l'air tout ragaillardi !

MADAME LANGOISSEY, mettant sa lettre sous enveloppe,
et la tendant à Élise.

Va vite, et attends la réponse.

Élise sort, emportant la lettre.

SCÈNE V

MADAME LANGOISSEY, seule, songeant.

Une chiromancienne,.. consulter une chiromancienne, la faire venir chez soi.... ce n'est peut-être
pas très prudent,... très sage?.. Mais bast ! je suis
trop agitée, trop inquiète... Il faut que je connaisse
l'avenir... J'ai besoin d'être rassurée, éclairée, con-
seillée... (Elle reprend sa broderie, et tire languissamment
l'aiguille.) On ne dira pas que je ne fais point tout
ce qui dépend de moi pour chasser le noir de mon
esprit : je me livre à un travail incessant,.. acharné !..
(Elle bâille, pose son ouvrage sur le chiffonnier, puis se prend
les mains, et regarde ses doigts.) Comme je tremble... Je

suis tellement émue, à la pensée de lire dans l'avenir, que je suis incapable de toute application... (Un coude appuyé sur la table, la tête sur la main, elle songe.) Si j'allais apprendre des choses effroyables... Ce serait cruel, je regretterais d'avoir consulté!.. (Frappée d'un souvenir subit, et avec joie.) Mais,... puisque madame Léona promet de montrer la manière d'éviter tout mal, je n'ai rien à redouter!..

SCÈNE VI

MADAME LANGOISSEY, ÉLISE.

ÉLISE, entrant, par la porte du fond.

Eh! bien, je puis me vanter d'avoir vu la personne la plus extraordinaire qu'on puisse rencontrer!.. Quelle toilette ridicule! Quelle maison de sorcière!..

MADAME LANGOISSEY, vivement, sans écouter.

Déjà revenue!.. Tu as trouvé chez elle madame Léona?

ÉLISE, grondeuse.

Une jolie dame, vraiment!

MADAME LANGOISSEY, piquée.

Je ne te demande pas ton appréciation... Tu l'as vue?

ÉLISE, de mauvaise humeur.

Et je lui ai parlé : (A part.) sans qu'il y ait grand honneur!

MADAME LANGOISSEY, anxieuse.

Elle t'a dit?

ÉLISE.

Qu'elle ne voulait pas attendre à demain pour venir vous voir, comme vous le lui demandiez ; mais que, de suite, elle accourait.

MADAME LANGOISSEY.

C'est bien de l'empressement de sa part, j'en suis vraiment touchée !

ÉLISE, à part.

Moi, j'en suis plutôt effrayée... Pour agir ainsi, il faut que cette sorcière y ait quelque intérêt ; sans doute elle va se faire payer une rançon de prince, pour débiter ses sornettes, et achever de bouleverser les esprits de madame... (Haut.) Est-ce que madame la connaît, *cette romancienne ?...*

MADAME LANGOISSEY, avec embarras.

De réputation... Elle est très célèbre...

On sonne ; madame Langoissey s'empresse de ranger son ouvrage et ses journaux.

ÉLISE, à part.

C'est elle !... Quel malheur, d'être forcée d'introduire ici cette vieille masque !... Du moins, je ne vais pas la laisser seule avec madame : je me cacherai, durant sa visite, là derrière ce paravent...

On sonne de nouveau. Élise sort précipitamment.

SCÈNE VII

MADAME LANGOISSEY, seule. Elle se lève tremblante.

Au moment où le mystérieux voile de l'avenir va s'écarter pour moi, je suis épouvantée...

SCÈNE VIII

MADAME LÉONA, MADAME LANGOISSEY, ÉLISE, cachée.

ÉLISE, annonçant.

Madame Léona, la grande *romancienne !*

Élise referme, derrière la visiteuse, la porte du fond,
sans entrer elle-même ; mais elle reparaît, presque
aussitôt, à la porte de gauche, et se cache derrière le
paravent, où elle demeure, sans être vue des autres
personnages en scène, jusqu'à la fin de la visite de
madame Léona. Le public aperçoit Elise, dans sa cachette, d'où elle suit avec intérêt tout ce qui se passe.

MADAME LÉONA, mise d'une manière prétentieuse et ridicule, s'avançant avec force révérences.

Madame... j'ai l'honneur...

MADAME LANGOISSEY, interrompant.

C'est aimable à vous, madame, d'être venue si tôt.

MADAME LÉONA, s'enhardissant.

J'ai cru bien faire... j'ai pensé... il m'a semblé
comprendre, d'après votre lettre, madame, que vous
souffriez...

MADAME LANGOISSEY, émerveillée.

Vraiment, vous avez deviné !...

Elle s'asseoit, et fait signe à madame Léona de prendre
un siège.

MADAME LÉONA, avec aplomb, après s'être assise à gauche de la table, vis-à-vis de madame Langoissey et tournant
le dos au paravent.

Nous autres, gens de l'art, nous avons l'intuition

des maux subis par ceux qui vont devenir nos
clients...

MADAME LANGOISSEY.

Comment!... Avant même d'être entrée en relation
avec les personnes...

MADAME LÉONA, interrompant.

Je vois ce qu'elles éprouvent; oui, madame, j'en
suis venue à ce degré de divination... Et, ce n'est
pas pour vous flatter, mais en me demandant, vous
vous êtes adressée à la première chiromancienne du
monde!... Ainsi, je vais vous le prouver . vous êtes
en ce moment anxieuse, inquiète...

MADAME LANGOISSEY.

Oh! oui... cruellement!

MADAME LÉONA.

Vous voudriez connaître les secrets du destin?

MADAME LANGOISSEY.

... Et apprendre le moyen d'éviter les coups de
l'adversité.

MADAME LÉONA.

Naturellement : je vous l'enseignerai... Vous êtes
riche ?

MADAME LANGOISSEY.

Suffisamment... Je vis seule avec ma bonne, Élise,
une excellente fille, honnête, dévouée...

MADAME LÉONA.

Très bien... Vous avez des enfants?

MADAME LANGOISSEY.

Je suis veuve, sans enfants, et je n'ai plus au
monde un seul parent.

MADAME LÉONA, à part.

Quelle veine!... (Clignant de l'œil, avec malice.) C'est

une mine d'or à exploiter! (Haut, d'un air radieux.) Très bien,... de mieux en mieux... Nous allons jouer le grand jeu!

MADAME LANGOISSEY, avec effroi.

Qu'est-ce que cela?

MADAME LÉONA.

Le grand jeu, c'est l'expérience la plus fatigante, la plus dure pour moi!

MADAME LANGOISSEY, avec sollicitude.

Pauvre madame!... Voulez-vous, auparavant, prendre quelque chose? (Elle se lève.) Je vais sonner...

MADAME LÉONA, se levant aussi, et arrêtant madame
Langoissey, en lui prenant la main.

Merci, je ne veux rien!... cela empêcherait ma lucidité... (Elle regarde attentivement la paume de la main droite de madame Langoissey.) Vous avez une belle main!

MADAME LANGOISSEY, étonnée.

Vous... vous croyez, madame?...

MADAME LÉONA, continuant à examiner la main de sa
cliente.

Je veux dire que les lignes de votre main sont admirablement marquées : on y lit comme dans un livre, sans difficulté... La ligne de cœur est superbe : vous êtes excellente...

MADAME LANGOISSEY, avec modestie.

Les gens vraiment méchants... sont rares!

MADAME LÉONA, avec autorité.

Pas tant que vous croyez! (Regardant la main qu'elle n'a pas lâchée.) Quant à la ligne d'intelligence, elle est d'une profondeur!... Vous avez un esprit... supérieur!... et un jugement... sûr, droit, rapide!... Ah! vous êtes bien douée...

MADAME LANGOISSEY, flattée, ravie.

En vérité, madame, vous me rendez confuse. . (A part.) Cette femme a du génie!...

MADAME LÉONA, avec gravité, posant sur sa poitrine la main de madame Langoissey.

Maintenant, je dois m'arrêter... Avez-vous confiance en moi, madame?... Une confiance aveugle... absolue?... Si par malheur ce sentiment-là vous manquait, il faudrait me le dire.... et je partirais, sans parler davantage... Car, les choses qui me restent à vous apprendre sont d'une telle gravité...

Elle rend la liberté à la main de sa cliente.

MADAME LANGOISSEY, affolée.

Parlez, madame, parlez!... J'ai confiance, je suis suspendue à vos lèvres... (A part.) Hélas! que vais-je apprendre?... (Haut.) Qu'est-ce que vous voyez?

MADAME LÉONA, solennelle.

Madame, vous mourrez!

MADAME LANGOISSEY, regagnant avec peine son fauteuil, sur lequel elle se laisse tomber.

C'est affreux!... (Après une pause, se soulevant, tremblante.) Vous êtes bien certaine?...

MADAME LÉONA.

Vous mourrez,... assassinée!

MADAME LANGOISSEY, se couvrant le visage de ses mains, et avec désespoir.

Ah! ah!... grâce!... pitié!... Je ne veux pas!... Je ne veux pas!...

Elle joint les mains, d'un air éperdu.

ÉLISE, impatientée et révoltée, derrière son paravent.

C'est horrible !... Cette mégère va me tuer ma maîtresse, à force de crainte et d'émotion... Il faut que je l'empêche de...

Elle sort à demi de sa cachette, prête à s'élancer.

MADAME LÉONA, à part, avec satisfaction.

Cela réussit à merveille !... (A madame Langoissey, avec condescendance.) Là,.. là... Ne vous inquiétez point : ne suis-je pas près de vous, pour vous secourir ?... Nous allons conjurer le sort !

MADAME LANGOISSEY, se redressant peu à peu sur son fauteuil.

Vous m'empêcherez de mourir ?

Élise rentre dans sa cachette.

MADAME LÉONA, avec assurance.

Certainement... certainement !... Je vous empêcherai d'être assassinée...

MADAME LANGOISSEY, rassurée.

Ah ! je respire !

MADAME LÉONA, affectant une profonde réflexion.

Pour arriver à déjouer les plans de l'assassin, il faut, d'abord, que je le connaisse...

MADAME LANGOISSEY, de nouveau terrifiée.

Il faut que vous le connaissiez !... et, si vous n'arrivez point à le connaître ?

MADAME LÉONA, se rengorgeant.

J'y arriverai. Donnez-moi votre main. (Elle prend de nouveau, entre les siennes, la main de madame Langoissey.) Ah ! ah !... voici un petit trait qui, d'abord, m'avait échappé : l'assassin est une femme...

2

MADAME LANGOISSEY, claquant des dents.

Une fem... me.. Qui est-ce qui aurait cru?... Une
candide et frêle créature!

MADAME LÉONA.

Oh! candide et frêle,.. je n'en sais rien!... (Regardant
toujours la main de sa cliente.) Attendez : c'est une servante...

MADAME LANGOISSEY, trossautant.

Une bonne!... ce doit être celle du premier... elle
a une tête qui me déplaît!

MADAME LÉONA, avec gravité.

Nous allons consulter les cartes. Elles écriront le
nom de l'infâme, qui a prémédité le crime...

MADAME LANGOISSEY, stupéfaite.

Les cartes écriront?

MADAME LÉONA, sortant un jeu de cartes du sac qu'elle
porte au bras.

Certainement... Je prends un jeu de trente-deux
cartes, que je pose à l'envers, comme ceci sur la table, les unes à côté des autres... Les vingt-cinq pre-
mières figurent les lettres de l'alphabet : la première correspond à l'A ; la seconde à B, ainsi de
suite ; la vingt-cinquième est Z... Les sept dernières
lettres sont des chiffres.

MADAME LANGOISSEY, se levant.

Je commence à comprendre...

MADAME LÉONA, solennelle.

Écartez-vous... Il faut que je puisse courir autour
de la table .. Enlevez le fauteuil... (Madame Langoissey
l'éloigne de la table.) C'est bien... je commence!

La tireuse de cartes respire longuement; puis fait en courant le tour de la table; elle s'arrête devant les cartes,
et pose, d'un air inspiré, l'index sur l'une d'elles.

MADAME LÉONA.

Quelle est cette lettre?

MADAME LANGOISSEY, regardant les cartes.

C'est la cinquième de l'alphabet. (Comptant sur ses doigts.) A, b, c, d, e... C'est un E !

MADAME LÉONA.

Bien ; inscrivez E... Je continue.

Madame Langoissey inscrit, au crayon, E, sur un carnet.
Madame Léona fait de nouveau le tour de la table, et désigne une seconde lettre.

MADAME LANGOISSEY, attentive.

C'est un L ; continuez...

Troisième tour de table de la chiromancienne.

MADAME LANGOISSEY, suffoquant.

Cette fois, vous touchez la neuvième lettre : un I... C'est invraisemblable !.. Il faut donc soupçonner?.. Non, c'est impossible !... (A la chiromancienne.) Ne vous êtes-vous point trompée?

MADAME LÉONA, d'un air digne.

Je ne me trompe jamais !

Elle fait, pour la quatrième fois, le tour de la table, et s'arrête de nouveau.

MADAME LANGOISSEY, repassant l'alphabet en comptant sur ses doigts, très rapidement.

A, b, c, d, e, f, g, h, etc. (s'arrêtant à l's.) Un S... C'est un S !...

Elle l'inscrit sur son carnet.

MADAME LÉONA, prenant un air ingénu.

Ce sera peut-être « Élisabeth. »

MADAME LANGOISSEY, de plus en plus anxieuse.

Certes, je voudrais que ce fût Élisabeth !... (Avec impatience.) Continuez !

MADAME LÉONA, faisant, en courant, un dernier tour, puis
s'arrêtant

Voilà !

MADAME LANGOISSEY, avec désespoir.

Un E !... C'est un E !...

MADAME LÉONA, avec une indifférence affectée, et en s'asseyant.

Le nom doit être écrit, maintenant, en entier ; car,
je ne puis plus tourner : une force m'arrête ! (A madame Langoissey.) Quel nom se trouve inscrit sur votre
carnet ?

MADAME LANGOISSEY, avec des sanglots dans la voix.

Élise !.. Élise!.. Ma fidèle, ma dévouée !..

MADAME LÉONA, feignant la surprise.

C'est donc votre bonne : je ne savais pas !

ÉLISE, allongeant la tête, derrière le paravent.

Tu ne savais pas !.. Gueuse !.. friponne !.. misérable !.. Quand ma maîtresse, tout à l'heure, a dit mon
nom devant toi !..

MADAME LANGOISSEY, désolée.

Comment faire pour empêcher un semblable for-
fait ?

MADAME LÉONA, résolument.

Comment faire ? — Il faut chasser la coquine, sur
l'heure !

ÉLISE, sans sortir de sa cachette, montrant le poing à madame Léona.

Tu me paieras cela, maraude !..

MADAME LANGOISSEY, larmoyante.

Me séparer d'Élise, que j'ai depuis quinze ans !..
Ah ! c'est dur !.. c'est cruel... Et jamais je ne trouve-
rai quelqu'un qui la vaille, pour la remplacer...

MADAME LÉONA, rassurante.

Mais si,... mais si!.. Je mettrai près de vous Inès, une jeune fille charmante, et que je connais !

MADAME LANGOISSEY, soupirant.

Jamais je n'oserai dire à Élise de partir...

MADAME LÉONA.

Si vous voulez me charger de la commission. j'oserai, moi!... et vous n'avez qu'à l'appeler...

> Madame Langoissey sonne. Élise quitte sa place, sort furtivement par la porte de gauche, et réapparait à la porte du fond.

ÉLISE, avec calme.

Madame m'appelle ?

MADAME LANGOISSEY, avec embarras.

Madame Léona a quelque chose à te dire...

MADAME LÉONA, sèchement.

Il faut partir, mademoiselle, tout de suite. Faites vos paquets.

ÉLISE, à sa maîtresse.

Madame!.. Est-il possible ?..

MADAME LANGOISSEY, tristement, à Élise.

Hélas!... il est trop vrai!.. (A part, se détournant d'Élise.) Je ne puis plus la regarder... ses yeux me font peur!... il me semble déjà la voir me plonger une lame d'acier dans la gorge!.. Brou... ou... Qui eût dit cela, de cette fille?.. (A Élise, sans la regarder.) Il faut partir à l'instant, te sauver très loin... C'est pour ton bien... et pour le mien!..

ÉLISE, avec tristesse.

Madame me chasse comme une servante infidèle, moi qui l'ai servie, depuis mon enfance, de mon mieux, moi qui l'ai soignée...

MADAME LANGOISSEY, vivement.

Oui, oui... je n'oublie pas... Je me souviendrai toujours, avec reconnaissance... Mais tu ne peux pas rester!.. Si tu savais ce qui doit arriver, tu serais la première à vouloir fuir. (Elle tire son porte-monnaie de sa poche, et le jette sur la table, du côté où se trouve Élise, mais toujours sans la regarder.) Tiens, prends cette bourse, en souvenir du passé.

ÉLISE, essuyant, du coin de son tablier, les larmes qui coulent de ses yeux, et repoussant la bourse.

Je ne veux pas d'argent... (Avec résolution.) Je pars puisqu'on me chasse ; mais, je reviendrai !

MADAME LANGOISSEY, à madame Léona, et avec stupeur.

Ah! mais,... non !.. Il ne faut pas qu'elle revienne... (Bas.) pour m'assassiner '

MADAME LÉONA, à sa cliente.

Soyez tranquille, nous l'empêcherons de revenir. D'un geste autoritaire, elle indique la porte à Élise.

ÉLISE. Elle sort, en pleurant ; mais au moment de disparaître par la porte du fond, elle se retourne, et montrant de nouveau le poing à la chiromancienne.

A nous deux, sorcière, maintenant !.. Mon tour viendra, de te narguer !

SCÈNE IX

MADAME LANGOISSEY, MADAME LÉONA.

MADAME LANGOISSEY.

Il me reste, madame, à vous remercier... Combien vous dois-je, s'il vous plaît?

MADAME LÉONA.

Oh ! je ne veux point demander d'honoraires, pour
cette première séance... Je me contenterai de cette
bourse, que votre bonne a si sottement dédaignée.

*Elle prend sur la table le porte-monnaie, et le glisse
dans sa poche.*

MADAME LANGOISSEY, *réprimant un mouvement d'étonnement indigné.*

C'est juste, après le service que vous venez de me
rendre...

MADAME LÉONA, *se rapprochant de madame Langoissey.*

Quelle heure est-il, s'il vous plaît?.. Vous permettez que je regarde à votre montre?..

MADAME LANGOISSEY, *avec empressement.*

Comment donc !

*Madame Léona se penche pour regarder l'heure à la
montre que madame Langoissey sort de sa ceinture.*

MADAME LÉONA, *admirant la montre.*

Oh ! le charmant bijou!.. Voulez-vous me le confier?

MADAME LANGOISSEY, *ôtant la chaîne passée à son cou.*

Je vous en prie !

MADAME LÉONA, *jouant avec la montre.*

Elle est délicieuse ! .. Vous savez qu'il y a moyen
de lire dans l'avenir, en consultant les oscillations
d'un pendule : c'est une expérience pleine d'intérêt,
et que je ferai, pour vous distraire, la prochaine fois
que je viendrai... Pour aujourd'hui c'est terminé.

*Elle passe machinalement la chaîne à son cou, met la
montre dans sa ceinture, et s'apprête à se retirer.*

MADAME LANGOISSEY, *l'arrêtant du geste.*

Eh! eh!... pardon, s'il vous plaît! ma montre que
vous emportez !

MADAME LÉONA, jouant l'étonnement.

Votre montre?.. Ah! pardon!... l'habitude!.. Je croyais que c'était la mienne... (Elle fait mine de retirer la chaîne ; puis, s'arrêtant.) Il est vrai qu'à votre place, après le service que je viens de vous rendre, — bien des clientes m'auraient dit : « Gardez donc cette montre, chère madame Léona. » Car, enfin, sans moi, ce soir peut-être, vous seriez assassinée !

MADAME LANGOISSEY, à part, avec conviction.

C'est évident : ma vie vaut bien un misérable bijou ! (Haut, avec effort.) Gardez cette montre, chère madame Léona.

MADAME LÉONA, remettant la montre dans sa ceinture.

Merci. Et maintenant, ne vous inquiétez de rien... Dans une heure, vous aurez près de vous Inès, ma protégée. Au revoir.

Elle se retire, et madame Langoissey la reconduit. Elles sortent ensemble par la porte du fond.

Rideau.

ACTE DEUXIÈME

Le même salon qu'au premier acte ; mais dans un état de désordre. Les sièges sont dispersés, sans goût; on voit, sur la table du milieu, de la vaisselle cassée. Un balai et un plumeau sont oubliés, bien en évidence, près du buffet. Le paravent est déployé, devant la porte de gauche, comme au premier acte.

SCÈNE PREMIÈRE

MADAME LANGOISSEY, seule. Entrant par la porte du fond, d'un air découragé.

Quel désordre !.. A dix heures du matin, rien n'est encore rangé... Mon appartement n'a jamais été aussi mal tenu .. (Elle range les chaises, pousse le fauteuil.) Ah ! ce n'est pas du temps de ma brave Élise, que les choses se seraient ainsi passées !.. (Elle prend le plumeau, et époussette.) Voilà où j'en suis réduite, il faut que, moi-même, je fasse le ménage... (Elle s'arrête et pousse un cri, en apercevant sur la table la vaisselle cassée.) Ah ! mon sucrier de Sèvres !.. ma jolie tasse à thé !.. mon saladier de cristal !.. (Elle prend successivement les objets

brisés qu'elle nomme.) Mais c'est une hécatombe!.. Cette
Inès est d'une maladresse, d'une brusquerie!.. Il
faut que je la gronde! (Appelant.) Inès!.. Inès!

SCÈNE II

MADAME LANGOISSEY, INÈS.

INÈS, entrant, d'un air maussade, par la porte de gauche.

Qu'est-ce qu'il y a, encore?

MADAME LANGOISSEY, sévère.

Il y a, « encore », que vous m'avez cassé trois objets de prix, qui sont des souvenirs, auxquels je te-
nais...

INÈS, avec une moue d'indifférence.

Eh bien, si ce sont des souvenirs, auxquels vous
tenez, il fallait les mettre dans une vitrine, et ne pas
les exposer, en les faisant servir au ménage.

MADAME LANGOISSEY, exaspérée, à part.

Cette fille est d'une insolence!... (Marchant vers Inès,
les sourcils froncés.) Mais vous ne comprenez donc pas,
insouciante créature, que votre rôle ici est de m'o-
béir, et de remplir avec un soin méticuleux les offi-
ces dont vous êtes chargée.

INÈS, avec impertinence.

Que madame se calme... Madame est agitée, et la
senora Léona a bien recommandé la douceur, la
paix... Sans quoi, madame contracterait une mala-
die qui la mènerait rapidement aux portes du tom-
beau ..

MADAME LANGOISSEY, subitement calmée, et frappée de
terreur.

Taisez-vous !... Vous... vous m'impressionnez !...
Elle se laisse tomber sur son fauteuil.

INÈS, la contemplant avec satisfaction.

Si c'est raisonnable de se mettre dans un état pareil, pour quelques morceaux de vaisselle cassée !...

MADAME LANGOISSEY, avec un geste las.

Retournez à votre cuisine... Allez !

INÈS, toujours insolente.

Ce n'était pas la peine de m'appeler !
Elle se dirige vers la porte.

MADAME LANGOISSEY, la rappelant.

Emportez votre plumeau... et votre balai.

INÈS, prenant le plumeau et le balai.

Qu'est-ce qu'il faut que j'emporte encore ?... Réfléchissez, pour ne pas me rappeler dès que je serai
sortie !
Elle s'arrête et regarde sa maitresse, avec un sourire
narquois.

MADAME LANGOISSEY, impatientée, et sans regarder
Inès.

C'est tout... Allez !
Inès sort lentement, trainant nonchalamment le balai à
sa suite.

SCÈNE III

MADAME LANGOISSEY, seule.

Cette servante me rendrait folle ! Mais j'espère

bien n'avoir plus à souffrir longtemps ses imperti-
nences : je la renverrai!... Naturellement, ce n'est
point à madame Léona, qui la trouve parfaite! que
je m'adresserai pour me débarrasser de cette bonne,
et pour la remplacer... J'aurai, pour cela, recours à
une autre personne; et voilà ce que j'ai imaginé...
(Elle prend un journal posé sur le chiffonnier, près d'elle, et
elle le déploie.) Depuis quelques jours, je remarque
dans mon journal, à la quatrième page, une annonce
imprimée en caractères énormes. (Elle indique du doigt
l'annonce dont elle parle.) Impossible de ne point remar-
quer de pareilles lettres : elles ont un pouce de haut!..
(Rapprochant de ses yeux le journal.) Voyons... il faut que
je lise encore. . (Lisant.) « Madame Sardanapale,
somnambule extra-lucide, défie toute concurrence.
Elle offre de vérifier, et au besoin de rectifier, les
prédictions faites par ses rivales. Discrétion absolue.
Consultations gratuites. » (D'un air incrédule.) Hum!...
« gratuite », doit être exagéré!... Mais, peu importe!...
(Réfléchissant.) Madame Sardanapale offre de vérifier...
discrétion absolue... Cela m'a tentée!... Je me suis
dit : demandons conseil à madame Sardanapale Et
je lui ai écrit une lettre que j'ai moi-même jetée à la
poste, pour ne point éveiller l'attention d'Inès... J'ai
prié madame Sardanapale de venir ce matin. Elle
peut arriver, maintenant, d'une minute à l'autre...
Je lui ai bien recommandé de ne point dire sa pro-
fession à ma servante : Inès serait capable de la je-
ter dehors!... (Madame Langoissey prend son ouvrage, et
commence à broder. Un coup de sonnette retentit. Elle s'arrête
émue.) C'est elle!... Mon cœur bat!. .

SCÈNE IV

MADAME SARDANAPALE, MADAME LANGOISSEY.

VOIX D'INÈS, annonçant à la cantonade.

Madame Sardanapale !

MADAME SARDANAPALE, n'est autre qu'Élise, déguisée de façon à n'être point reconnue. Elle porte des lunettes bleues, et s'enveloppe d'une grande mante. S'avançant gravement, et saluant.

Madame...

MADAME LANGOISSEY, l'invitant à s'asseoir.

Je suis charmée... (A part.) Quel air sombre et mystérieux... Elle va me prédire quelque catastrophe ! (Haut.) Avant de commencer, je dois vous dire, madame, que je réclame de vous la plus entière discrétion ; car, je me suis déjà adressée à l'une de vos collègues, madame Léona.

MADAME SARDANAPALE.

Vous pouvez compter sur mon silence... Je suis, d'ailleurs, habituée à vérifier...

MADAME LANGOISSEY, interrompant.

C'est cela qui m'a décidée à vous demander vos avis... Vous connaissez madame Léona ?

MADAME SARDANAPALE, regardant autour d'elle, avec inquiétude.

Vous... (Elle se lève, et se dirige vers la gauche.) Vous permettez que je replie ce paravent... (Madame Langoissey fait un signe d'acquiescement.) Je vous demande pardon... (Elle range le paravent contre le mur, et revient s'asseoir.) C'est une manie : je n'aime pas les paravents déployés... il me semble toujours qu'ils abritent quelque indiscret...

MADAME LANGOISSEY, approuvant.

Vous avez raison... (Avec curiosité.) Je demandais si vous connaissiez madame Léona?...

MADAME SARDANAPALE, avec un rire moqueur.

Si je la connais? Ah ! ah ! que trop !...

MADAME LANGOISSEY, vivement.

Vous me faites peur !... Expliquez-vous ?

MADAME SARDANAPALE.

Je veux dire que je suis habituée à être appelée partout où madame Léona a passé, pour réparer ses bévues !...

MADAME LANGOISSEY.

Elle n'est donc pas très expérimentée ?

MADAME SARDANAPALE, riant.

Elle ?... (Avec mépris.) C'est une débutante !

MADAME LANGOISSEY.

Vraiment ?... Elle m'avait dit...

MADAME SARDANAPALE, interrompant.

Qu'elle était la chiromancienne la plus habile du monde !... (Riant toujours.) Elle déclare cela à tous ses clients... Aussi, ses dupes ne se comptent plus !

MADAME LANGOISSEY, d'un air abattu.

Vous me voyez stupéfaite... consternée...

MADAME SARDANAPALE, rassurante.

Il ne faut pas vous tourmenter pour si peu !... D'ailleurs, je puis contrôler...

Elle rapproche sa chaise du fauteuil de madame Langoissey.

MADAME LANGOISSEY, avec empressement.

Oui,.. oui, vérifiez !

MADAME SARDANAPALE.

Madame Léona a dû commencer par lire dans votre main... Je vais, à mon tour, étudier...

MADAME LANGOISSEY, vivement.

Voilà ma main : lisez !

MADAME SARDANAPALE, répétant tout ce qu'elle a entendu dire à madame Léona, quelques jours auparavant.

Oh ! la belle main : quelles lignes bien accentuées !... (Affectant une grande attention.) Je constate ici que vous êtes excellente : un cœur d'or !... Vous avez une intelligence supérieure... un jugement droit, sûr... (s'arrêtant tout à coup.) Ah ! ah ! voici quelque chose de grave !...

MADAME LANGOISSEY, soupirant.

Vous êtes, jusqu'à présent, parfaitement d'accord avec madame Léona.

MADAME SARDANAPALE.

Mais, attendons la fin !... C'est toujours à la fin qu'elle se trompe... avec les cartes !

MADAME LANGOISSEY.

La chose grave... qu'est-ce que c'est ?

MADAME SARDANAPALE.

Pauvre madame !... Il ne faut pas vous émotionner... Je voudrais vous le dire avec ménagements... c'est... c'est... que vous mourrez !

MADAME LANGOISSEY, avec un cri de terreur.

Ah !... Elle aussi, me l'avait dit !

MADAME SARDANAPALE, examinant toujours la main de
madame Langoissey.

Vous mourrez, assassinée... par une femme... une
servante !

Elle lâche la main de sa cliente.

MADAME LANGOISSEY, tremblante.

Par Élise .. n'est-ce pas?

MADAME SARDANAPALE.

Oh! le nom, je ne l'ai pas encore !... Je vais le cher-
cher, maintenant...

MADAME LANGOISSEY.

Oui, avec des cartes, en tournant autour de la table...

MADAME SARDANAPALE.

Du tout : ce ne serait point assez expéditif. Est-ce
que madame Léona se serait servie de cet ancien
truc?

MADAME LANGOISSEY, ingénument.

Oui...

MADAME SARDANAPALE, riant.

Eh bien, heureusement que le nom cherché n'avait
pas douze lettres!... L'expérience, en ce cas, aurait
été bien longue, et madame Léona bien essoufflée!...
Ah! ah!..

MADAME LANGOISSEY.

Vous avez un moyen plus bref?

MADAME SARDANAPALE, indiquant un sac suspendu à son
bras.

C'est simple, voyez!... Ce sac contient des petits
morceaux de carton sur lesquels sont écrits tous les
prénoms féminins. J'agite le sac, j'y plonge ma main,
et...

Elle se lève.

MADAME LANGOISSEY.

Alors, moi aussi, je pourrais plonger ma main, et trouver le nom?...

Elle se lève et se rapproche de la chiromancienne.

MADAME SARDANAPALE, solennelle, s'écartant vivement
de madame Langoissey.

Non pas... non pas!... Vous, ce ne serait point la même chose... Vous n'êtes pas « extra-lucide! »

MADAME LANGOISSEY.

C'est vrai... Eh! bien, tirez.

MADAME SARDANAPALE, solennelle.

Attention!... Regardez .. Le nom de la future coupable va sortir de l'urne!... (Elle met la main dans le grand sac, qu'elle agite vivement.) Le voici... Je le tiens... (Elle tend un billet à sa cliente.) Lisez!

MADAME LANGOISSEY, avec un cri de stupéfaction.

Inès!...

MADAME SARDANAPALE, feignant l'étonnement.

Est-ce que vous connaissez une personne de ce nom?

MADAME LANGOISSEY.

Je crois bien... C'est ma bonne!... La nouvelle.

MADAME SARDANAPALE, avec gravité.

Ancienne ou nouvelle .. si j'ai un conseil à vous donner, madame, c'est de la renvoyer dans le plus bref délai. Il n'y a pas d'autre moyen de conjurer le sort et d'éviter le crime!

MADAME LANGOISSEY, résolue.

Je la renverrai! (Inquiète.) Mais, que va me dire madame Léona, dont Inès est la protégée?...

MADAME SARDANAPALE.

Vous vous débarrasserez en même temps de ma-

3

dame Léona, qui n'est qu'une farceuse, une cabotine !

MADAME LANGOISSEY, à part, et perplexe.

A laquelle de ces deux chiromanciennes dois-je me fier ?... Et comment deviner si c'est Élise, ou bien Inès, qui doit m'assassiner !...

MADAME SARDANAPALE, avec dignité.

Vous agirez, d'ailleurs, madame, comme bon vous semblera. Je vous donne mes conseils en toute conscience ; faites-en le cas que vous voudrez... Et, permettez-moi de me retirer.

     Elle s'apprête à partir.

MADAME LANGOISSEY, la retenant.

Attendez, je vous prie... attendez !... Veuillez me dire, d'abord, quels honoraires je vous dois ?

MADAME SARDANAPALE.

Vous ne me devez rien, madame : je ne me fais jamais payer.

MADAME LANGOISSEY, étonnée.

Comment... jamais ?... (A demi-voix.) Elle va peut-être, comme madame Léona, prendre ma bourse, et me demander ma montre !...

MADAME SARDANAPALE, qui a entendu, et à part.

Il paraît que mon honorable collègue s'est approprié une montre et un porte-monnaie ! (A madame Langoissey, en s'inclinant.) Adieu, madame.

MADAME LANGOISSEY, sortant son porte-monnaie de sa poche.

Acceptez du moins...

MADAME SARDANAPALE, repoussant l'offre qui lui est faite.

Non, je n'accepte rien, et je vous prie, madame, de

ne point me confondre avec la misérable chiromancienne qui vous a trompée... Mon seul but est de mettre en garde les gens trop crédules, et ma mission
chez vous est terminée.

MADAME LANGOISSEY, à part.

Ce désintéressement me touche, et me porte à croire
à sa sincérité. (Haut.) Alors, vous êtes certaine qu'Élise
ne m'aurait point assassinée?

MADAME SARDANAPALE, étendant la main, d'un geste
solennel.

J'en réponds !

MADAME LANGOISSEY.

Et vous m'engagez...

MADAME SARDANAPALE.

A la rappeler... C'est l'unique moyen d'être en sû-
reté. D'ailleurs, réfléchissez : Élise était-elle attentive, fidèle, probe, dévouée?

MADAME LANGOISSEY, soupirant.

Certes, oui... et je la regrette !

MADAME SARDANAPALE.

Inès est-elle impertinente, brusque, dépensière et
désordonnée ?... Fait-elle danser l'anse du panier?

MADAME LANGOISSEY, avec conviction.

Plus qu'on ne peut imaginer !...

MADAME SARDANAPALE.

Donc, pour ne courir aucun danger, il faut rappeler Élise, et chasser Inès... Le bon sens l'indique ;
et, croyez-moi, mieux vaut s'en rapporter à lui qu'à
la chiromancie !...

MADAME LANGOISSEY, étonnée.

Vraiment !... Voilà une chose que je n'aurais point

crue !... (Avec joie.) Alors, je vais écrire à Elise de
revenir de suite... (Réfléchissant.) Non, je vais lui
adresser un télégramme !

MADAME SARDANAPALE, avec élan.

Et je le porterai au bureau : écrivez !

MADAME LANGOISSEY, prenant son buvard et son encrier.

Voilà... (Elle griffonne, en hâte, quelques mots, sur une
feuille qu'elle donne ensuite à madame Sardanapale.) Puisque
vous voulez bien vous en charger...

MADAME SARDANAPALE, prenant le télégramme qu'elle
glisse dans son corsage.

Merci !...

MADAME LANGOISSEY, tendant l'oreille.

Ecoutez !...

Un bruit de voix grondeuses s'entend, à la cantonade.

SCÈNE V

MADAME SARDANAPALE, MADAME LANGOIS-
SEY, MADAME LÉONA.

MADAME LÉONA, faisant une entrée tapageuse.

Comment !... comment !... Qu'est-ce que j'ap-
prends !... (A madame Langoissey.) Vous recevez des vi-
sites, en mon absence !... Je ne l'avais pas permis !...
J'ai grondé Inès !...

MADAME LANGOISSEY, perdant la tête.

Pardon... je ne sais, j'avais oublié... Vous avez
grondé Inès,... vous avez bien fait !... Il faut... (Frappée d'une idée subite, et après une pause.) Ah !... il faut
encore gronder Inès !... (Elle prend madame Léona par le

bras, et la pousse vers la porte du fond.) Allez la cher-
cher!...

Madame Léona sort.

SCÈNE VI

MADAME LANGOISSEY, MADAME SARDANA-PALE.

MADAME LANGOISSEY, entrainant madame Sardanapale vers la gauche, et parlant avec volubilité.

Chère madame Sardanapale, je n'ai plus d'espoir
qu'en vous!... Vous voyez comme je suis maltraitée
et gourmandée, chez moi... Je tiens à me débarrasser
de ces intrigantes ; mais je voudrais éviter toute al-
tercation avec la violente madame Léona... Chargez-
vous donc, je vous en prie, de lui annoncer mes dé-
cisions... Dites-lui que je renvoie Inès, que je reprends
Élise,... et... et... dites-lui aussi que je l'engage à ne
plus revenir elle-même... Pour l'amadouer, vous lui
remettrez cette bourse...

MADAME SARDANAPALE, refusant le porte-monnaie que madame Langoissey lui offre.

Gardez cette bourse. Je renverrai bien madame
Léona sans lui rien donner : elle vous a assez volée !

MADAME LANGOISSEY.

Ce ne sera sans doute pas aussi facile que vous
l'imaginez !... (Avec effroi.) Madame Léona a des co-
lères terribles !...

MADAME SARDANAPALE, se rengorgeant.

Avec moi, elle n'osera pas !

On entend des voix tapageuses, à la porte du fond.

MADAME LANGOISSEY, tressaillant.

La voilà qui revient... (Prêtant un instant l'oreille, puis effrayée.) Oh !... elle est montée,... montée... Cela va être affreux !... (Se dirigeant vers la porte de gauche.) Je vous laisse... Bon courage !

MADAME SARDANAPALE, à madame Langoissey, qui sort.

Ne craignez rien.

SCÈNE VII

MADAME SARDANAPALE, MADAME LÉONA, INÈS.

MADAME LÉONA, entrant avec colère, suivie d'Inès, et cherchant des yeux madame Langoissey.

Où est-elle ?

MADAME SARDANAPALE, avec calme.

Qui ça, « elle » ?... Est-ce ainsi que vous parlez de la maîtresse de maison ?

MADAME LÉONA, furieuse.

De quel droit vous permettez-vous de me donner des leçons ?... Qui êtes-vous ?

MADAME SARDANAPALE, relevant la tête, et avec arrogance.

Madame Sardanapale, somnambule extra-lucide !

MADAME LÉONA, insolente et moqueuse.

Une somnambule,... extra-lucide,... vous !... Allons donc !... (Elle s'écarte de madame Sardanapale, la toise avec dédain ; puis se met à faire lentement le tour de sa personne, et à l'examiner minutieusement. Riant.) Ah ! ah ! ah !... Je vous reconnais !... Ah ! ah !... ce déguisement!... ces lunettes bleues!... Ah! ah!... (Elle se laisse tomber sur une chaise, en riant bruyamment.) Vous êtes Élise, la bonne chassée !...

ÉLISE, sans se déconcerter, retirant ses lunettes et sa coiffure, qu'elle pose sur la table.

C'est elle-même... Après?... Voulez-vous avertir madame?... elle est là, à côté... Allez lui expliquer la farce que je viens de jouer; et moi, je cours immédiatement avertir le commissaire de police du rôle que vous avez tenu ici... Je lui démontrerai que vous avez voulu circonvenir une dame riche et âgée, que vous l'avez terrorisée et isolée, pour mieux l'exploiter...

MADAME LÉONA, qui écoute avec une rage contenue, les sourcils froncés et les poings crispés.

Vous n'arriverez à rien : vous n'avez pas de preuves!

ÉLISE, avec assurance, et frappant dans ses mains.

Je n'ai point de preuves!... Et la bourse de madame, que vous vous êtes appropriée,... et cette chaîne de montre que vous exhibez, depuis plusieurs jours, à tout le quartier!...

MADAME LÉONA, avec aplomb.

Ces objets m'ont été donnés.

ÉLISE, narquoise.

Donnés!... Oui, comme on donne sa bourse au coin d'un bois!... (Riant.) Ces petits cadeaux-là n'entretiennent pas l'amitié...

INÈS, s'avançant vers Élise, et avec insolence.

Enfin, puisqu'on vous a chassée,... je ne vois pas pourquoi vous revenez?

ÉLISE, brusquement, à Inès.

Vous, ma petite, si vous y tenez, je vais vous mettre aussi sur mon rapport au commissaire. (Avec calme, à madame Léona et à Inès.) Je vois, du reste, que c'est votre idée à toutes deux que la querelle se termine devant la police... Allez donc avertir madame ; moi, je vais...

Elle se dirige vers la porte du fond.

MADAME LÉONA, la rappelant.

Ne faites pas cela !... (Elise se rapproche.) Voyons, si vous étiez gentille,... bien gentille, là,... (Elle prend un air doucereux.) on pourrait s'arranger... (Elle se frotte les mains, regarde Elise, et avec insinuance.) Nous continuerions, ensemble, à entourer de nos soins votre chère maîtresse... Nous nous liguerions, pour la tranquilliser,... et, sans remords, ensuite, nous pourrions partager...

ÉLISE, avec indignation.

De l'argent volé !.. honteusement soustrait !... Non, jamais, .. jamais !... (Se croisant les bras, et hochant la tête.) Ah ! vous trouviez que je n'avais pas de preuves !... (Menaçante.) Vous m'en donnez une nouvelle : tentative de corruption envers un serviteur !

MADAME LÉONA, déconcertée.

Vous n'êtes pas raisonnable...

ÉLISE, s'excitant.

Friponne !... Vieille coquine !... Je vais vous faire coffrer !

Elle court à la porte du fond.

MADAME LÉONA, appelant.

Elise !... Elise !... calmez-vous... (Voyant Elise s'arrêter.) Puisque vous êtes aussi peu... conciliante,...

je me retire!... (Elle se dirige, la tête haute, vers la porte du fond. — A Inès.) Viens, mon enfant...

INÈS, d'un ton boudeur.

Ah! mais,... non! Je ne pars pas comme cela, moi!... Qui est-ce qui me paiera?

MADAME LÉONA, revenant sur ses pas.

C'est juste! (A Élise.) Les gages de cette servante?

ÉLISE, courroucée.

Les gages!... (Indiquant, sur la table, les débris de porcelaine.) Nous les lui paierons quand elle aura remboursé la vaisselle qu'elle a brisée!.. (A madame Léona.) Envoyez-la se faire pendre ailleurs!... Elle peut monter un cours de danse, pour les anses de paniers!...

INÈS, s'asseyant, et d'un ton pleurard.

Moi, je veux mes gages!

MADAME LÉONA, la prenant par la main, et cherchant à l'entraîner.

Viens,... sortons d'ici : nous sommes des dupes!... (Bas.) Viens, c'est moi qui te paierai!...

Inès se lève.

ÉLISE, moqueuse, à madame Léona.

Vous y aurez encore du bénéfice! (Lui montrant la porte.) Bon voyage!

Madame Léona et Inès partent. Sur le seuil, madame Léona se retourne, et d'un ton larmoyant, le geste solennel.

MADAME LÉONA.

Nous sommes des victimes!...

Elle sort avec Inès.

SCÈNE VIII

ÉLISE seule, et radieuse.

Fameux débarras!... Et maintenant faisons disparaître ce déguisement... (Elle retire la longue mante dont elle était affublée, et elle va la cacher, derrière le paravent, sur une chaise, ainsi que son ridicule, sa coiffure et ses lunettes.) Là... Quand Madame rentrera, elle ne trouvera plus que sa fidèle Élise, sa petite bonne d'autrefois... (Elle va au buffet, et elle y prend un tablier, qu'elle noue autour de sa taille.) On croirait, à me voir ainsi, que je n'ai jamais quitté la maison?.. C'est égal, je n'y serais jamais rentrée, sans cette belle annonce, que j'ai eu l'idée de faire mettre dans le journal : « MADAME SARDANAPALE! » Ah! ah! ah!.... (sérieuse.) Qui est-ce qui croirait qu'un petit bout d'imprimé peut produire un pareil effet!... (Allant vers la porte de gauche.) A présent, appelons madame... (Elle frappe à la porte.) Madame!... madame!

VOIX DE MADAME LANGOISSEY, à la porte entr'ouverte.

Sont-elles parties?...

ÉLISE.

Et elles ne reviendront pas! soyez tranquille...

Élise s'éloigne, vers le buffet. La porte s'ouvre, et madame Langoissey parait, regardant à droite et à gauche, d'un air encore craintif.

SCÈNE IX

MADAME LANGOISSEY, ÉLISE.

MADAME LANGOISSEY, entrant.

Plus de chiromanciennes !... (Apercevant Élise). Comment,.. Élise !... déjà !...

ÉLISE, faisant une révérence, à la paysanne.

Pour vous servir, madame... Bien heureuse d'être revenue !...

MADAME LANGOISSEY.

Et moi ravie de te revoir, mon enfant. Tu as reçu mon télégramme ?

ÉLISE, indiquant son corsage.

Il est là.

MADAME LANGOISSEY, sortant un portefeuille de sa poche, et le montrant à Élise.

Ecoute bien, je vais te charger d'une mission de confiance : Une somnambule, madame Sardanapale. m'a rendu un très grand service après lequel je constate que, discrètement, elle s'est retirée, — sans doute pour ne point être remerciée !... Or, je veux m'acquitter envers elle : voici une pochette qui contient cinq billets de cent francs. Va la lui porter.

ÉLISE, gentiment, sans prendre l'enveloppe.

Et... si elle refuse ?

MADAME LANGOISSEY.

Il faudra insister et t'arranger de manière à ce qu'elle accepte. (Souriant, et menaçant sa servante du doigt.) Si tu ne réussissais pas, je serais tentée de te renvoyer, pour de bon, cette fois!

ÉLISE, feignant de pleurer.

Alors, madame va encore me renvoyer; car je suis certaine que madame Sardanapale refusera... D'après ce que j'ai entendu dire, elle n'accepte jamais d'argent, et elle se fâche contre ceux qui vont lui en porter... Sans compter que la commission est dangereuse, parce que les sorcières, ça n'aime point à être contrarié!... Quand on les ennuie elles peuvent se venger, en jetant des sorts!... Si elle allait nous en lancer!...

MADAME LANGOISSEY, tout effarée.

Tu crois?... Elle qui paraît être si bonne!

ÉLISE, avec assurance.

Oh! elle est comme les autres, quand il s'agit de se venger!... Les sorcières, faut pas s'y fier!... D'abord, si elle est partie, c'est que ça lui convenait de s'en aller, sans être payée... Bonsoir, faut plus s'en occuper!

MADAME LANGOISSEY, s'asseyant, et rêveuse.

En ce jour, où je goûte une si pleine joie, j'aurais pourtant voulu récompenser quelqu'un... (Frappée d'une idée subite.) Ah!... je sais!... Élise, j'augmente tes gages.

ÉLISE, protestant.

Oh! moi, madame, je n'ai pas mérité!...

MADAME LANGOISSEY, doucement impérieuse.

J'ai dit!

ÉLISE.

Mais...

MADAME LANGOISSEY.

Retourne à ta cuisine, ma fille, et tiens pour cer-
tain que tes gages seront augmentés... Oh ! tu as
beau me faire des signes : je ne crains pas de te con-
trarier ; tu n'es point sorcière, toi !

ÉLISE, se retournant avant de sortir, et avec finesse.

Qui sait?...

Rideau

Imprimerie générale de Châtillon-sur-Seine. — A. Pichat

A LA MÊME LIBRAIRIE

PIÈCES POUR LA JEUNESSE

	J.G.J.F.		Prix	
L'âge très ingrat . .	2	»	1	»
Les Amis de province.	2	4	1	»
Arlequin, maître de maison	5	»	1	»
L'Atelier de peinture	3	4	1	»
Les Avocats	4	»	1	»
Le Billet de Loterie..	6	»	1	»
Les Brevets de Margot	»	2	1	»
Bureau de placement	»	6	1	»
Un Cercle de femmes.	1	7	1	»
Le Château de M. Toulardot.	3	3	1	»
C'est dans le Petit Journal.	»	5	1	»
La Cigale et la Fourmi	»	6	1	»
Colombine héritière.	»	7	1	»
Cordon et bas bleus .	»	3	1	»
Un Coup de tête . . .	»	2	1	»
Le coup de vent (2 actes).	»	3	1	50
Le Crime de Moutiers.	5	»	1	»
Les Cuisinières . . .	»	7	1	»
Deux Mères	»	5	1	»
Le Désespoir de Louison.	»	4	1	»
Le Diable	3	3	1	»
Une Discrétion . . .	»	2	1	»
Les Doctoresses . . .	»	3	1	»
La Dot d'Alice . . .	»	2	1	»
En pénitence. . . .	»	2	1	»
Un Fiancé anonyme.	»	5	1	»
Le général Pruneau (de Tours). . . .	2	1	1	»
Madame Harpagon (2 actes).	»	8	1	50
La Malade imaginaire	»	6	1	»
Mademoiselle Soupe au lait.	»	3	1	»
Mardi de Mme Bobichon.	»	3	1	»
Ma sœur Claire . . .	»	4	1	»
Mentor (Charade) . .	»	4	1	»
Miss Peackle	»	2	1	»
La Nuit de Noël . . .	»	3	1	»
Une Nuit orageuse .	4	»	1	»
L'Oiseau bleu	»	3	1	»
Le Pâté	3	1	1	»
Une Perle	»	2	1	»
Le Premier Bal . .	»	5	1	»
Le Prix d'honneur . .	»	2	1	»

	J.G.J.F.		Prix	
Le Réveil du Calife .	4	»	1	»
Le Sac de Scapin . .	4	»	1	»
Treize à table	2	2	1	»
Le Trésor imaginaire	»	4	1	»
Le Truc de Rose . .	»	7	1	»
Le Vol-au-Vent . . .	»	3	1	»

PIÈCES POUR L'ENFANCE

	J.G.J.F.		Prix	
Les Bavardes	»	2	»	50
Blanc et Bleu. . . .	2	»	1	»
C'en est une	1	3	1	»
La Cigale et la Fourmi	»	2	1	»
Une Collaboration .	»	2	1	»
Un Complot.	1	3	1	»
Les Deux Gascons .	2	»	»	50
Les Deux Moineaux .	1	4	1	»
L'École buissonnière	2	»	»	50
Entre serin et moineau	2	»	1	»
Les exploits du docteur Popol	1	3	1	»
Fatal zéro	2	2	1	»
Fiancés en herbe . .	1	1	1	»
Five o'clock tea.. . .	»	2	»	50
La Glace rompue. .	1	1	1	»
Une Grave Affaire. .	2	2	1	»
Une Histoire de Brigands.	2	3	1	»
Le Jour de Mlle . . .	1	1	1	»
Madame reçoit. . .	»	5	1	»
Le Menuet d'Achille.	1	1	1	»
Nô !	2	»	»	30
Le Numéro gagnant	1	2	1	»
Le Paradis	3	2	1	»
Pensum (Charade). .	1	2	1	»
Pervenche.	2	1	1	»
Petite Maman	»	4	1	»
Le Petit Monde. . . .	1	2	1	»
La Petite Princesse .	»	2	»	..
Les Petits Ambitieux	1	1	1	»
Les Petits Révoltés .	1	3	1	»
La pièce de 5 francs	1	1	1	»
Poucet et Poucette . .	1	2	1	»
Pour un Hanneton. .	2	2	1	»
Quand nous serons grandes.	»	3	1	»
Le Renard et le Corbeau.	2	»	1	»
Rêves d'Avenir . . .	2	»	»	»
Vive le général! . . .	2	4	1	»

Imprimerie générale de Châtillon-sur-Seine. — A. PICHAT